Vente des Mardi 23 et Mercredi 24 Mars 1869

SUCCESSION MOREAU WOLSEY

TABLEAUX

ANCIENS

EXPOSITIONS

Particulière : le Dimanche 21 Mars 1869,

Publique : le Lundi 22 Mars 1869

Mᵉ CHARLES PILLET
COMMISSAIRE-PRISEUR

M. FEBVRE
EXPERT

MOREAU WOLSEY

CATALOGUE

DE

TABLEAUX

ANCIENS

BEAU TRIPTYQUE PAR HEMLING

SUR LA MISE A PRIX DE 30,000 FRANCS

VENTE AUX ENCHÈRES PUBLIQUES

HOTEL DROUOT, Salles Nᵣˢ 1 et 3

Les Mardi 23 et Mercredi 24 Mars 1869

A UNE HEURE.

Mᵉ CHARLES PILLET, | M. FEBVRE
COMMISSAIRE-PRISEUR | EXPERT

EXPOSITIONS
{ *PARTICULIÈRE* : le Dimanche 21 Mars 1869,
{ *PUBLIQUE* : le Lundi 22 Mars 1869.

DE UNE HEURE A CINQ HEURES.

CONDITIONS DE LA VENTE

Elle sera faite au comptant.

Les adjudicataires payeront *cinq pour cent* en sus des enchères.

L'exposition mettant le public à même de se rendre compte de l'état des tableaux, il ne sera admis aucune réclamation une fois l'adjudication prononcée.

Paris. — imp. de PILLET fils aîné, rue des Grands-Augustins, 5.

DÉSIGNATION

ALDEGRAEVER

(HENRY)

1 — Lucrèce se donnant la mort.

OEuvre digne d'Albert Durer, signée du monogramme sur le collier.

Bois. Haut., 78 cent.; larg., 63 cent.

ASSELIN

(JEAN)

2 — Intérieur de parc.

Sur le devant, des personnages se promènent près d'un statue égyptienne.

Cuivre. Haut., 12 cent.; larg., 18 cent.

AUBRY

(Manière de GREUZE)

3 — Petit dessinateur assis près d'une table.

Toile. Haut., 38 cent.; larg., 46 cent.

BATONI

(POMPÉO)

4 — Portrait de l'amiral Hamilton.

Vu jusqu'aux genoux. de trois quarts à gauche; il porte l'uniforme de commandant; son bras gauche est posé sur un fût de pierre sur lequel on lit : P. Batoni pinxit. Romæ, 1768.

Toile. Haut., 1 mèt.; larg., 4 mèt. 75 cent.

BECCAFUMI

(DOMINICO)

5 — La Vierge, l'enfant Jésus et sainte Anne.

Rappelant le faire d'Andrea del Sarte.

Bois. Haut., 1 mèt. 45 cent.; larg., 1 mèt. 25 cent.

BÉGA

(CORNEILLE)

6 — Intérieur hollandais.

Famille villageoise réunie dans une salle basse; une jeune femme tient un marmot sur ses genoux; la grand' maman parle à l'enfant, le grand père regarde cette scène en souriant.

Bois. Haut., 36 cent.; larg., 26 cent.

BELDEMAKER

(1609.)

7 — Chiens de chasse près d'un terrier.

Cinq chiens sont sur un monticule, cherchant l'ouverture d'un terrier. Fond montagneux, ciel chargé de nuages.

Signé en toutes lettres en bas à droite.

Toile. Haut., 48 cent.; larg., 58 cent.

BERKEYDEN

(JOB)

8 — Le Manége.

Sur la place d'une ville, près d'une église, sont plusieurs gentilshommes à cheval; un écuyer dresse un cheval en présence de son maître et de la femme de ce dernier.

Bois. Haut., 51 cent.; larg., 43 cent.

BENOZZO

(GOZZOLI)

9 — Roi entouré de sa famille, recevant un ambassadeur.

Rappelant les œuvres de Perugino.

Bois. Haut., 21 cent.; larg., 41 cent.

BOEL

(PIERRE)

10 — Gibier mort dans un paysage.

Au milieu, un groupe de gibier et deux chats; l'un se sauve en emportant un oiseau, l'autre se dispose à prendre aussi sa proie.

Toile. Haut., 1 mèt. 10 cent.; larg., 1 mèt. 60 cent.

BOILLY

(LOUIS)

11 — Portrait en buste de la duchesse de Montebello.

Grisaille. — Signé et daté 1812.

Toile. Haut., 32 cent.; larg., 24 cent.

BOS

(GÉROME)

12 — L'Adoration des Mages.

Sous un édifice à colonnades, la Vierge assise tient sur ses genoux l'enfant Jésus. Un mage agenouillé présente des parfums au divin enfant ; à gauche et à droite sont les autres mages tenant des vases en orfévrerie. Dans le fond de l'édifice, saint Joseph, près d'une cheminée, fait chauffer des langes.

Bois. Haut., 70 cent.; larg., 55 cent.

BRAUWER

(ADRIEN)

13 — Buveur et vieille Femme.

Bois. Haut., 25 cent.; larg., 18 cent.

14 — Avare comptant son argent.

Bois. Haut., 25 cent.; larg., 19 cent.

BREUGHEL (DE VELOURS) & ROTHENHAMMER

15 — Bacchus et Ariane.

La déesse assise prend des raisins que lui présente un bacchant ; près d'elle, est Silène assis ; derrière , une bacchante tenant des fleurs ; à gauche, dans le fond, des amours travaillent à la vendange ; à droite, d'autres amours apportent des fleurs et des fruits.

Composition animée traités avec la plus grande finesse ; paysage émaillé de charmantes fleurs. Sur les arbres, des oiseaux ; détails infinis.

OEuvre ayant fait partie de la collection Pommersfelden.

Bois. Haut., 65 cent.; larg., 92 cent.

BRUSSEL

(PIERRE VAN)

16 — Fleurs dans un vase.

Magnifiques fleurs dans un vase de marbre orné de sculptures, posé sur une pierre près le péristyle d'un palais ; à terre, d'autres fleurs et des fruits ; dans le fond, un parc.

Toile. Haut., 2 mèt.; larg., 1 mèt. 80 cent.

BUGIARDINI

(JULIO)

17 — Quatre tableaux représentent les portraits des ducs de Médici

Provenant de la collection du prince de la Paix.

Bois. Haut., 60 cent.; larg., 40 cent.

BRUYN

(DE)

18 — Portrait d'un personnage allemand.

Vu de face, toque noire, vêtement en soie rose. les deux mains apparentes.

Bois. Haut., 36 cent.; larg., 26 cent.

CALABRESE

(PRETTI)

19 — La Charité romaine.

Personnages de grandeur naturelle, deux figures.

Toile. Haut., 1 mèt. 26 cent.; larg., 1 mèt.

CALABRESE

20 — Le Dévouement filial.

Pendant du précédent.

Toile. Haut., 60 cent.; larg., 74 cent.

21 — La Famille de Darius devant Alexandre.

La femme de Darius présente à Alexandre la couronne de son époux.

Toile. Haut., 1 mèt. 65 cent.; larg., 2 mèt. 40 cent.

CALLET

(ANTOINE-FRANÇOIS)

22 — Allégorie ayant trait à la naissance du Roi de Rome.

Le berceau dans les airs, entouré d'un rayon lumineux, est soutenu par la Renommée; Mars lui offre ses armes, à gauche, les Grâces; l'une d'elles porte une couronne, la Victoire tient un blason.

Toile. Haut., 40 cent.; larg., 46 cent.

CAMPUYSEN

(THIERRY)

23 — Repos d'animaux.

Une vache couchée et une debout près d'une mare.

Bois. Haut., 39 cent.; larg., 33 cent.

CARRACHE

(LOUIS)

24 — Le Christ couronné d'épines.

Bois. Haut., 21 cent.; larg., 18 cent.

CARAVAGGIO

(AMERICGI)

25 — Portrait en buste d'un philosophe.

De la main droite il tient une urne posée sur une table, de la gauche il indique l'inscription suivante, placée sur une banderolle : RESPICE FINEM.

Signé sur le livre : Caravaggio.

Toile. Haut., 1 mèt. 15 cent.; larg., 95 cent.

CATÉNA

(VINCENT, école de.)

26 — Portrait d'un personnage représenté en buste.

Vu de trois quarts à droite; coiffé d'une toque, large pelisse garnie de fourrures; les deux mains apparentes, la gauche tient des gants.

Provenant de la collection d'Aligre.

Toile. Haut., 43 cent.; larg., 32 cent.

CHARDIN

(SIMÉON genre de)

27 — Cuisinière prenant de l'eau à une fontaine de cuivre.

Toile. Haut., 38 cent.; larg., 32 cent.

CHRISTOPHSEN

(CRISTUS)

28 — Sainte Famille.

Près d'un temple en ruines la Vierge assise tient l'enfant Jésus qui donne la main au petit saint Jean; à droite, saint Joseph debout contemple cette scène.

Bois. Haut., 77 cent.; larg., 55 cent.

CLAUDE GELÉE

(dit LE LORRAIN)

29 — Paysage : Soleil couchant.

Cette œuvre, qui ne laisse aucun doute sur son originalité, représente sur le devant un pasteur assis gardant des chèvres; à gauche, de beaux et grands arbres, aux cimes arrondies, se dessinent sur un ciel doré; en bas de ces arbres passent des animaux; au centre, coule une rivière dominée par un pont.

Fond avec montagnes noyées dans une chaude vapeur.

Œuvre de vérité, n° 39.

Provenant de la collection du baron Denain.

Toile. Haut., 50 cent.; larg., 66 cent.

COYPEL

(NOEL)

30 — Saint Jean dans un paysage.

Assis près d'un arbre, le bras gauche appuyé sur un tertre, il caresse l'agneau ; sa main droite tient une croix avec banderolle ; fond de paysage avec lac.

Toile. Haut., 80 cent.; larg., 62 cent.

CRESPI

(MARIO)

31 — Le Christ mort et les saintes Femmes.

Cuivre. Haut., 22 cent.; larg., 30 cent.

CUYLENBURG

(VAN)

32 — Vénus et l'Amour.

La déesse est couchée sur un lit de repos.

Toile. Haut., 35 cent.; larg., 39 cent.

DANLOUX

(PIERRE)

33 — Portrait présumé de Vergniaud.

Représenté de face, en buste, cheveux poudrés, habit violet, cravate blanche.

Toile. Haut., 49 cent.; larg., 41 cent.

DAVID

(LOUIS)

34 — Portrait en pied de l'empereur Napoléon Ier.

Représenté debout sur son trône; il porte le manteau de cérémonie en velours rouge doublé d'hermine; la main droite tient un sceptre, la gauche une boule dominée par une croix.

A droite, en bas du trône, la signature L. David, 1807.

Provenant de la collection de M. Didot.

Bois. Haut., 87 cent.; larg., 59 cent.

35 — Le général Bonaparte franchissant les Alpes.

Monté sur un cheval pie qui se cabre.

Sujet gravé, signé au bas à droite.

Toile. Haut., 00 cent.; larg,, 1 mèt. 39 cent.

DEKKER

(CORNEILLE)

36 — Paysage accidenté.

Sur le devant, une route, sur laquelle est un chariot conduit par des villageois.

Provenant de la collection de lord Northwick.

Bois. Haut., 48 cent.; larg., 65 cent.

DENNER

(BALTHAZAR, attribué à)

37 — Portrait en buste d'une Dame âgée.

Toile. Haut., 58 cent.; larg., 49 cent.

DIÉTRICH

(C.)

38 — Loth et ses filles dans une grotte.

A gauche, dans le fond, on aperçoit la ville de Sodôme en feu.

Bois. Haut., 44 cent.; larg., 35 cent.

DOMINIQUINO

(ZAMPIERI, attribué à)

39 — Le Corps du Sauveur soutenu par Dieu le Père.

A gauche et à droite sont des saints en adoration.

Toile. Haut., 56 cent.; larg., 46 cent.

DUMOUSTIER

(DANIEL)

40 — Portrait en buste du duc d'Aiguillon.

Presque de face à gauche; il porte toque noire, justau-corps jaune, manteau brun; les mains apparentes; la droite tient des gants.

Bois. Haut., 44 cent.; larg., 36 cent.

DUPLESSIS

(JOSEPH)

41 — Portrait d'un personnage de l'époque de Louis XVI.

En buste, de trois quarts à droite; chevelure poudrée, cravate en dentelle, habit de velours bleu; la main droite tient une tabatière.

Toile. Haut., 58 cent.; larg., 50 cent.

DYCK

(ANTOINE, genre de.)

42 — Portrait en pied d'une Dame de distinction.

Debout sous un péristyle; près d'elle, un petit nègre portant une corbeille de fleurs.

Bois. Haut., 52 cent.; larg., 33 cent.

FAES

(VAN DEN, dit le chevalier LELY)

43 — Portrait d'une Dame de distinction.

Jusqu'aux genoux, de grandeur naturelle, de trois quarts, à droite ; les deux bras apparents ; robe de satin blanc, ornée de rubans rouge, coiffure à la Ninon, collier de perles.

Bois. Haut., 1 mèt.; larg., 95 cent.

FURINI

(FRANCESCO)

44 — Actéon changé en cerf.

Diane irritée métamorphose l'indiscret chasseur.

Bois. Haut., 20 cent.; larg., 18 cent.

FRANKEN

(SÉBASTIEN)

45 — Glorification de la Vierge.

La mère du Sauveur assise sur des nuages est soutenue et entourée par des anges et des chérubins; en bas, à droite et à gauche, des séraphins jouent de divers instruments.

Cuivre. Haut., 38 cent.; larg., 30 cent.

GÉRARD

(le baron, attribué à.)

46 — Portrait d'une Dame de l'époque de l'Empire.

Toile. Haut., 21 cent.; larg., 17 cent.

GOLDZIUS

(HENRY)

47 — Sainte Famille.

Provenant du cabinet du comte Fries et du duc de Caraman.

Bois. Haut., 24 cent.; larg., 18 cent.

GREVENBROCK

(VAN)

48 — Flotte hollandaise bombardant une ville.

Cuivre. Haut., 23 cent.; larg., 34 cent.

GREUZE ?

(JEAN - BAPTISTE)

49 — Portrait en buste de Mademoiselle Duménil, de la Comédie-Française.

Représentée sous la figure de Calisto.

Provenant de la collection de François Lenormant.

Toile. Haut., 48 cent.; larg., 40 cent.

GRIFF

(le Vieux.)

50 — Oiseaux de basse-cour surpris par un renard.

Un coq cherche à défendre une poule renversée sous la patte du renard.

Toile, Haut., 1 mèt. 20 cent.; larg., 1 mèt. 70 cent.

GRIFF (le Vieux, figures par) J. JORDAENS

51 — Le Déjeuner des chèvres.

Près d'une habitation rustique sont amoncelés des ustensiles de cuisine et des légumes; à droite, deux petits

enfants ; l'ainé, petit garçon, donne des choux à manger
à deux chèvres, une jeune fille tient une jatte de lait
qu'elle se dispose également à donner à ces animaux.

Toile. Haut., 1 mèt. 20 cent.; larg., 1 mèt.

GRIMOUX

(JEAN, attribué à.)

52 — Jeune Dame vue à mi-corps.

De la main gauche elle tient une guitare, de la droite
elle tourne les feuillets d'un cahier de musique.

Toile. Haut., 1 mèt. 12 cent.; larg., 1 mèt. 25 cent.

GUERCINO

(BARBIERI)

53 — L'Extase de saint François.

Toile. Haut., 2 mèt. 60 cent.; larg., 1 mèt. 80 cent.

54 — L'Incrédulité de saint Thomas.

Le Christ apparaît à ses apôtres et fait toucher ses plaies
à saint Thomas.

Toile. Haut., 39 cent.; larg., 47 cent.

HEMLING

(HANS)

55 — Triptyque.

Dans le panneau central est représenté le Christ en croix, pleuré par la Vierge et saint Jean, adoré par un chevalier et une dame assistée de son jeune page qui fléchit un genou en terre. L'écu, placé derrière le seigneur, avec son fond d'azur lampassé de gueules, tenant dans sa patte gauche une pomme de coing, indique que c'était le blason de François Sforza, duc de Milan. Le lion d'or qui y figure avait été donné à Sforza, en 1401, par l'empereur Robert en reconnaissance des services qu'il avait reçus de lui.

« Je veux te donner, dit-il, un lion digne de ta valeur. De sa patte gauche il tiendra une pomme de coing que sa patte droite menaçante défendra. Malheur à qui osera y toucher. »

Le coing était l'emblème de la commune de Cotignola, d'où les Sforza étaient originaires. Le diamant enchâssé dans un anneau fut donné à Sforza par le marquis de Ferrare. Le dragon ailé, terminé par une tête d'homme, est le cimier particulier à la maison de Sforza.

Sur le volet de gauche, on voit la Vierge adorant l'enfant Jésus, saint François d'Assise agenouillé et Philippe le Bon tenant un faucon sur son poing.

Sur le volet de droite, on remarque saint Jean-Baptiste, puis sainte Catherine et sainte Barbe.

A l'extérieur, les volets de ce triptyque sont décorés de deux grisailles représentant saint Jérôme et saint Georges.

(Extrait de la *Gazette des Beaux-Arts*, du 1er novembre 1867.)

Haut., 60 cent.; larg., 1 mèt. 20 cent.

HEMSSEM

(VAN)

56 — Assise dans un paysage, la Vierge tient l'enfant Jésus sur ses genoux.

OEuvre remarquable du maître.

Toile. Haut., 1 mèt. 10 cent.; larg., 1 mèt. 10 cent.

57 — Jacob bénissant Esaü.

Bois. Haut., 1 mèt. 15 cent.; larg., 1 mèt. 60 cent.

HERP & SNEYDERS

(VAN)

58 — Marchand de volailles et de légumes.

Personnages vus jusqu'aux genoux.

Toile. Haut., 1 mèt. 40 cent.; larg., 2 mèt. 10 cent.

HOLBEIN

(HANS le Jeune, 1515.)

59 — La Vierge et l'enfant Jésus.

Assise sous un portique à colonnade richement sculptée, elle tient sur ses genoux son fils bien-aimé.

Dans un médaillon en haut, au milieu du cintre, est la signature Hans Holbein, 1513.

Bois. Haut., 49 cent.; larg., 37 cent.

60 — Portrait d'un Seigneur.

En buste, de trois quarts ; à droite, il porte un large bonnet noir garni de fourrure ; il tient une lettre de la main droite.

Collection Weyer de Cologne.

Bois. Haut., 36 cent.; larg., 28 cent.

HOLBEIN

(École de.)

61 — Portrait d'un Gentilhomme allemand.

Toile. Haut., 42 cent.; larg., 34 cent.

JANSON

62 — Le Réveil de l'enfant Jésus.

Au centre, un médaillon où la Vierge sourit au divin enfant qui tend ses petites mains vers sa bonne mère ; ce médaillon est entouré de groupes de fruits, raisins, pêches, abricots, prunes, etc., le tout relié avec des feuillages.

Toile. Haut., 1 mèt.; larg., 80 cent.

LAIRESSE

(GÉRARD DE)

63 — La Chute de Phaéton.

Plafond.

Toile. Haut., 2 mèt.; larg., 2 mèt.

64 — Allégorie mythologique.

Plafond.

Haut., 3 mèt.; larg., 3 mèt.

LANCRET

(NICOLAS)

65 — Le Nid d'oiseaux.

Charmante composition ; près d'un arbre touffu, un jeune homme assis sur un tertre tient le nid ; près de lui une jeune dame en costume de fête donne à manger aux petits ; derrière ce groupe, sont un galant, une femme et un enfant.

Provenant de la collection Patureau.

Toile ovale. Haut., 62 cent.; larg., 75 cent.

LARGILLIÈRE

(NICOLAS)

66 — Portrait d'une Dame de la cour du Régent.

Représentée debout sous un péristyle ; chevelure poudrée, robe en soie jaune et écharpe rose, les deux mains apparentes ; au-dessus de sa tête tombe une draperie verte ; fond avec colonnes et parc.

Toile. Haut., 62 cent.; larg., 49 cent.

LÉPICIÉ

(NICOLAS)

67 — Jeune Villageois représenté en buste.

Toile. Haut., 58 cent.; larg., 48 cent.

LEMOINE

(FRANÇOIS)

68 — Projet de plafond.

Apollon et les muses.

Toile. Haut., 52 cent.; larg., 57 cent.

LÉPAULE

69 — Jeune Femme vue en buste.

Bois. Haut., 26 cent.; larg., 19 cent.

LOO

(CARLE VAN)

70 — Portrait en buste de Louis XV, portant cuirasse.

Toile. Haut., 64 cent.; larg., 54 cent.

LONGHI

(PIETRO)

71 — Portrait d'une jeune Femme.

Représentée en buste, la tête appuyée sur sa main droite.

Toile ovale. Haut., 57 cent.; larg., 48 cent.

MAAS

(NICOLAS)

72 — L'Adoration des Bergers.

Les uns agenouillés, les autres debout. Ils sont en contemplation autour de la crèche où repose le divin enfant; la Vierge agenouillée soulève le linge qui le couvre ; près d'elle est saint Joseph debout.

Provenant de la collection de lord Northwick.

Toile. Haut., 80 cent.; larg., 65 cent.

MABUSE

(JEAN DE)

73 — Le Sacrifice de la Messe. Le Pape officiant.

Au fond de l'autel apparaît le Sauveur.

Bois. Haut., 26 cent.; larg., 19 cent.

MANFREDI

(le chevalier.)

74 — Sainte Flore se désaisissant de son orfévrerie
pour soulager les pauvres.

Sujet avec personnages de grandeur naturelle.

Toile. Haut., 2 mèt. 50 cent.; larg., 27 cent.

75 — Soldats italiens vus en buste.

Quatre personnages.

Bois. Haut., 50 cent.; larg., 1 mèt.

MARATTI

(CARLO)

76 — Œuvre capitale représentant saint François
en extase recevant les stigmates.

Toile. Haut., 1 mèt. 75 cent.; larg.,1 mèt. 24 cent.

MEYERHEEM

77 — La Vierge et Jésus.

Petits amours parant de fruits la chapelle où se trouvent
la Vierge et Jésus.

Signé en haut au milieu.

Toile. Haut., 62 cent.; larg., 55 cent.

MICHEL

(GEORGES)

78 — Paysage : Soleil couchant.

Bois. Haut., 24 cent.; larg., 40 cent.

79 — Paysage : Ciel orageux.

Haut., 8 cent.; larg., 22 cent.

MIGNARD

(PIERRE)

80 — Portrait en buste du maréchal de Vauban.

Il tient le bâton de commandement; on voit dans le fond
une ville assiégée.

Toile. Haut., 92 cent.; larg. **72 cent.**

MOL

(VAN)

31 — Vision de la Madeleine.

Le Christ, tenant une palme et une oriflamme, apparait
à la pénitente agenouillée devant un prie-Dieu ; derrière
le Sauveur, sont divers personnages et des souverains;
dans les airs planent des anges.

Cuivre. Haut., 52 cent.; larg., 66 cent.

MORALÈS

(il Divino)

82 — Jésus portant sa croix.

Vu à mi corps; ses deux bras soutiennent l'instrument

de son supplice ; sa tête, couronnée d'épines, est légèrement inclinée vers la gauche ; quelques larmes coulent sur son visage

Toile. Haut., 92 cent.; larg., 73 cent.

MORONI

(DOMINICO)

83 — Portrait de César Borgia.

Jusqu'aux genoux, de face ; costume de guerre, toque rouge ornée de plumes ; de la main droite il tient un poignard ; le bras gauche est appuyé sur une arquebuse, la main tient une mèche allumée.

Toile. Haut., 98 cent.; larg. 84 cent.

MURILLO

(ESTEBAN)

84 — Le Miracle des roses.

Sainte Rose de Lima est agenouillée près de Jésus auquel elle offre des roses.

Toile. Haut., 61 cent.; larg., 52 cent.

MUSCHER

(MICHEL VAN)

85 — Dame sous figure de Flore.

Elle est debout près d'un vase de marbre blanc; de la main gauche elle cueille des fleurs.

Toile. Haut., 54 cent.; larg., 45 cent.

NETSCHER

(CONSTANTIN)

86 — Jeune Dame hollandaise.

Elle est assise dans une chambre richement meublée; son bras droit repose sur une table couverte d'un tapis d'Orient; au-dessus de sa téte tombe une draperie verte, dans le fond est un groupe en marbre, représentant des figures mythologiques.

Vente Saint-Phal.

Toile. Haut., 52 cent.; larg., 41 cent.

ORLEY

(BERNARD VAN)

87 — Triptyque : le Jugement dernier.

Le volet principal représente le Christ entouré de ses

3

apôtres, rendant la sentence dernière ; à droite, et en bas,
des démons et des damnés ; à gauche, des élus et des gra-
ciés du purgatoire. Les petits volets représentent l'Annon-
ciation et la Nativité, avec les portraits des donateurs ; au
revers, les figures de saint Hubert et Corneille.

Provenant de la collection de M. Weyer de Cologne.

Bois. Haut., 94 cent.; larg., 1 mèt. 12 cent.

PANNINI

(attribué à.)

88 — Port de mer italien.

A droite, les colonnades de palais en ruines ; sur le devant, un quai animé de figures; dans le fond, la mer.

Toile. Haut., 90 cent.; iarg., 1 mèt. 10 cent.

PATEL

(PIERRE, le père.)

89 — Paysage.

A droite, la colonnade d'un palais antique en ruines ;
sur le devant est Jésus suivi de ses disciples; fond avec
montagnes; soleil couchant.

Toile. Haut., 32 cent.; larg.; 40 cent.

PENNI

(J. F.)

90 — Sainte Famille.

Près d'un édifice antique en ruines est la sainte Famille,
la Vierge, agenouillée, joue avec l'enfant Jésus; de son
bras droit elle soutient le petit saint Jean; sainte Élisa-
beth est assise; saint Joseph est en contemplation.

Bois. Haut., 1 mèt.; larg., 82 cent.

PRIMATICIO

(FRANCESCO, école de)

91 — La Vierge, Jésus et saint Joseph.

Bois. Haut., 26 cent.; larg., 23 cent.

PROCACINI

(J. C.)

92 — Ravissante composition représentant des
Amours préparant leurs armes.

Toile. Haut., 96 cent.; larg. 1 mèt. 20 cent.

PRUD'HON

(PIERRE, attribué à.)

93 — L'Amour enchaîné.

Bois. Haut., 22 cent.; larg., 21 cent.

94 — L'Amour riant des pleurs qu'il fait verser.

Bois. Haut., 42 cent.; larg., 49 cent.

QUINSON

95 — La princesse Caroline de Naples.

Dessin.

96   La princesse Pauline Borghèse.

Dessin.

QUINSON

97 — La princesse Bacciochi.

Dessin.

Ces trois dessins faisaient partie de la galerie de la Malmaison. Ils furent achetés en 1815 par l'empereur Alexandre. En 1854, l'empereur Nicolas les fit enlever de sa galerie et les donna à l'architecte de la maison impériale de Russie. Ils furent plus tard vendus par ce dernier à un banquier français à Saint-Pétersbourg. Celui-ci, à son tour, les vendit à M. Moreau.

Haut., 62 cent.; larg., 56 millim.

RAFAELLINO

(DEL GARBO)

98 — Glorification de la Vierge.

En haut, la Vierge tenant l'enfant Jésus est assise sur des nuages, elle est entourée d'anges et de séraphins; en bas, sont debout trois Pères de l'Église.

Bois forme cintrée. Haut., 44 cent.; larg., 30 cent.

REMBRANDT

(École de)

99 — Femme âgée représentée en buste.

Bois. Haut., 19 cent.; larg., 14 cent.

REYNOLDS

(WILLIAM)

100 — Briqueterie anglaise au milieu d'une campagne.

Soleil couchant, tons vigoureux.

Signé au bas W. Reynolds, 1802.

Toile. Haut., 64 cent.; larg., 78 cent.

101 — La Moisson, paysage.

Étude sur papier.

Carton. Haut., 33 cent.; larg., 47 cent.

REYNOLDS

(JOSUÉ)

102 — La Robinetta.

A l'ombre de grands arbres, une jeune et charmante dame donne à manger à un oiseau posé sur son épaule.

OEuvre du plus séduisant aspect.

Provenant de la galerie du prince Radzivil.

Toile. Haut., 78 cent.; larg., 64 cent.

RIBERA

(dit l'ESPAGNOLET)

103 — Saint Pierre priant.

De grandeur naturelle, vu jusqu'aux genoux, de trois quarts, à gauche, les mains jointes, agenouillé devant une pierre sur laquelle sont deux clefs.

Toile. Haut., 1 mèt. 10 cent.; larg., 90 cent.

RIGAUD

(HYACINTHE)

104 — Portrait en buste de Mansard le jeune.

Vu jusqu'aux genoux. Il porte longue perruque bouclée, habit de soie jaune, entouré d'une draperie verte que soutient sa main droite, la gauche est appuyée sur le dos d'un fauteuil.

Toile. Haut., 1 mèt. 38 cent.; larg., 1 mèt. 04 cent.

ROOS

(HENRI, de Francfort.)

105 — Repos d'animaux.

Campagne accidentée. Sur le devant, se reposent des animaux gardés par un pâtre; à droite, une cabane; dans le fond, d'autres animaux conduits par une villageoise.

Bonne qualité du maître.

Toile. Haut., 45 cent ; larg., 62 cent.

ROGER

(VAN DER WEYDEN)

106 — Le Christ mort au bas de la croix.

La Vierge, en pleurs, soutient le corps du Sauveur; à droite est la Madeleine agenouillée; à gauche est saint Jean debout.

Bois. Haut., 45 cent.; larg., 28 cent.

ROMANELLI

(J. F.)

107 — Latone change les paysans en grenouilles.

Bois. Haut., 26 cent.; larg., 53 cent.

ROSSO

(DEL ROSSO)

108 — Le Triomphe d'Amphitrite.

Toile. Haut., 31 cent.; larg., 78 cent.

ROTHENAMMER

109 — Le Bain de Diane.

Composition capitale. Dans le fond apparaît Actéon qui
est changé en cerf.

Toile. Haut., 1 mèt. 60 cent.; larg., 2 mèt.

110 — Les Mages adorant Jésus nouveau-né.

Bois. Haut., 28 cent.; larg., 22 cent.

RUBENS

(P. P., école de.)

111 — Homme vu en buste.

Bois. Haut., 55 cent.; larg., 27 cent.

112 — Le Christ flagellé par les soldats.

Bois. Haut., 56 cent.; larg., 43 cent.

RUTHARD

(CHARLES)

113 — Chasse au Sanglier.

Il est aux prises avec des chiens qui l'entourent et le harcèlent; à terre se débattent d'autres chiens blessés.

Toile. Haut., 66 cent.; larg. 87 cent.

SARTE

(ANDREA DEL)

114 — Le jeune Tobie et l'Ange.

Bois. Haut., 37 cent.; larg., 25 cent.

SCHALCKEN

(GODEFROY)

115 — Intérieur : deux personnages, effet de lumière.

Un jeune homme tient un tison sur lequel il souffle son visage est vivement éclairé; derrière lui est une jeune femme debout.

Bois. Haut., 34 cent.; larg., 28 cent.

SCHIDONE

(BARTHOLOMÉE)

116 — Le Repos de la sainte Famille.

Bois. Haut., 54 cent.; larg., 44 cent.

STAVEREIN

(VAN)

117 — Portrait de Henry-Frédéric, prince d'O-
range.

En buste, presque de face, il porte cuirasse et écharpe
jaune; cheveux bruns, moustache et barbiche ; col rabattu
en guipure.

Bois. Haut., 65 cent.; larg., 52 cent.

TÉNIERS

(DAVID, le fils.)

118 — Sainte Cécile jouant du clavecin.

Près d'elle, un ange tenant un cahier de musique.

Cuivre. Haut., 30 cent.; larg., 23 cent.

TOBAR

(A. M.)

119 — Le Christ mort et les saintes Femmes.

Les saintes femmes sont en pleurs ; dans les airs pla
nent des anges.

Toile. Haut., 82 cent.; larg., 66 cent.

TOCQUÉ

(LOUIS)

**120 — Portrait en buste du comte de Saint-Floren-
tin, ministre sous Louis XV.**

Toile. Haut., 94 cent.; larg., 72 cent.

TOCQUÉ

(LOUIS, attribué à)

121 — Portrait en buste de Catherine de Russie

En buste, à droite, robe bleue, manteau rouge garni
d'hermine.

TOREN-VLIET

(F.)

122 — Astronome vu en buste.

Il consulte un livre ouvert.

Toile. Haut., 23 cent.; larg., 18 cent.

VACCARO

(ANDREA)

123 — Sainte Agathe représentée en buste.

Signé des initiales.

Toile. Haut., 1 mèt. 25 cent.; larg., 1 mèt.

VÉLASQUEZ

(DA SYLVA)

124 — Remparts d'une place forte.

A la suite d'une querelle de jeu, deux soldats mettent l'épée à la main ; un des leurs cherche à les calmer.

Toile. Haut., 60 cent.; larg. 80 cent.

125 — Portrait en buste de Philippe IV d'Espagne.

En buste, de trois quarts à droite, cheveux courts, collerette plate, vêtement noir; il porte les insignes de la Toison d'or.

Toile. Haut., 59 cent.; larg., 43 cent.

VÉLASQUEZ

(DA SYLVA, attribué à).

126 — Portrait en buste de l'infante Marie-Thérèse.

Toile. Haut., 53 cent.; larg., 44 cent.

127 — Portrait en buste de l'infante Marguerite-Thérèse.

Toile. Haut., 53 cent.; larg., 44 cent.

VERDUSSEN

(PIERRE)

128 — Quatre grands panneaux décoratifs.

Ils représentent des départs et des retours de chasse.

Toile. Haut., 2 mèt. 10 cent.; larg., 2 mèt. 50 cent.

VICTOR

(JACQUES)

129 — Canards et autres oiseaux de basse-cour dans un paysage.

Toile. Haut., 1 mèt, 30 cent.; larg., 1 mèt. 70 cent.

WILLEBORTS

(1652.)

130 — Vénus et l'Amour.

La déesse assise reçoit les caresses de l'Amour ; dans le fond on voit les forges de Vulcain.

Personnages de grandeur naturelle.

Signé à droite en toutes lettres.

Toil. Haut., 2 mèt.; larg., 1 mèt. 40 cent.

WITTE

(JACQUES DE)

131 — Plafond.

Charmante composition ; trois amours dans les airs, et quatre autres soutenant une corbeille de fleurs.

Signé et daté.

Toile. Haut., 1 mèt. 50 cent.; larg., 1 mèt.

WOUVERMAN

(PHILIPS)

132 — La Charrette renversée.

Engagée dans une mare qui est sur le premier plan, elle tombe, le conducteur cherche à retenir les chevaux ; des femmes et un enfant montés sur la charrette poussent des cris ; à droite, sur un coteau, des animaux au repos ; à gauche, dans le fond, un cavalier se dirige vers l'abreuvoir ; plus loin, est un bras de mer.

Signé des initiales sur le cheval blanc.

Toile. Haut., 51 cent.; larg., 58 cent.

XAVERY

(JACOB, 1771.)

133 — Belles Fleurs contenues dans un vase en marbre orné de sculptures.

A droite, un chardonneret et son nid.
Signé en toutes lettres.

Toile. Haut., 64 cent.; larg., 47 cent.

ZUCCARO

134 — Le Christ sur la croix.

Au bas de la croix est la Madeleine agenouillée ; à

gauche, debout, la Vierge et saint Jean; dans le fond
deux soldats.

Peinture sur marbre.

Haut., 74 cent.; larg., 52 cent.

ÉCOLE FRANÇAISE

135 — Portrait d'un maréchal de l'Empire.

Bois. Haut., 17 cent.; larg., 14 cent.

136 — Portrait en pied de l'empereur Alexandre Iᵉʳ
de Russie.

Fond de paysage.

Toile. Haut., 81 cent.; larg., 62 cent.

ANCIENNE ÉCOLE D'ITALIE

137 — Portrait du poëte Michel Marius.

Cuivre. Haut., 11 cent. Larg. 6 cent.

ÉCOLE FLORENTINE

138 — Sainte Catherine tenant une épée et la palme
du martyre.

Cuivre. Haut., 15 cent.; larg. 11 cent.

ÉCOLE ITALIENNE

139 — Hérodiade examinant la tête de saint Jean posée sur un plat d'argent.

Toile. Haut., 60 cent.; larg. 50 cent.

140 — Bal masqué.

Six personnages vus à mi-jambes ; une courtisane cause avec un personnage auquel une autre courtisane dérobe la bourse ; à droite, un affidé des femmes ; à gauche, une vieille faisant partie de la même compagnie.

Toile. Haut., 66 cent.; larg. 88 cent.

RAPHAEL

(d'après)

141 — Sainte Famille.

La Vierge assise tient l'enfant Jésus sur ses genoux ; le petit saint Jean amène l'agneau ; dans le fond, saint Joseph debout, et sainte Elisabeth.

Cuivre. Haut., 28 cent., larg., 18 cent.

142 — Saint Joseph conduisant l'enfant Jésus.

Bois. Haut., 24 cent.; larg., 16 cent.

143 — Portrait en buste d'Antonus Léva.

> De profil à mi-corps, manteau garni de fourrures, toque noire brodée d'or.
>
> Toile. Haut., 65 cent.; larg., 61 cent.

ÉCOLE HOLLANDAISE

144 — Portrait d'un Gentilhomme représenté en buste.

> Bois. Haut., 50 cent.; larg., 35 cent.

ANCIENNE ÉCOLE ALLEMANDE

145 — Portrait d'un Magistrat allemand.

> En buste, tête nue, moustaches et barbe noire, large vêtement, col rabattu.
>
> Bois. Haut., 35 cent.; larg., 24 cent.

ÉCOLE ALLEMANDE

146 — Paysage : effet d'orage.

> La foudre, en tombant, effraye un cheval qui a renversé son cavalier.
>
> Toile. Haut., 49 cent.; larg., 64 cent.

ANCIENNE ÉCOLE ESPAGNOLE

147 — Adoration à la Vierge.

Au centre, la Vierge, assise sur un trône, présente l'enfant Jésus à un jeune donateur agenouillé; à gauche, saint Xavier debout; à droite, saint Antoine et un moine, probablement le portrait du peintre.

Sur une banderolle, on lit : FRATER TE DEUS DE ALLAMANIA.

Haut., 00 cent.; larg., 00 cent.

INCONNUS

148 — Portrait en buste d'une Dame allemande.

Toile. Haut., 82 cent.; larg., 68 cent.

149 —Deux Amours dans les airs.

Peintures sur velours.

Haut., 13 cent.; larg., 10 cent.

150 — La Vision de saint Paul.

Bois. Haut., 47 cent.; larg., 57 cent.

LAJOUE

151 — Causerie dans un parc, près d'une fontaine monumentale.

Toile. Haut., 1 m. 40 c.; larg., 1 m. 03 c.

BOUCHER

(École de)

152 — Le Concert champêtre.

Toile. Haut., 1 m. 18 c,; larg., 1 m. 02 c.

OBJETS DE CURIOSITÉ

153 — GRANDE PENDULE RENAISSANCE en bronze doré; elle est de forme carrée; le haut a son couronnement à galerie; aux coins sont des colonnes à jour. Trois faces sont avec des cadrans; sur le devant, trois autres cadrans. Bonne pièce.

154 — Buste en marbre par Flaters : Le portrait de lord Egerton Bridgewater.

155 — Encoignure de l'époque de l'Empire.

156 — Petit Bureau de l'époque de Louis XVI.

157 — Commode de l'époque de Louis XIV, en marqueterie de bois. Travail hollandais.

158 — Deux Candélabres Louis XVI, en bronze et marbre blanc ; vases contenant des branches de lis formant les lumières.

159 — Deux petites Tables Louis XVI, en acajou avec filets de cuivre.

160 — Pendule Louis XVI, en bronze doré, ornée de pendentifs.

161 — Meuble a deux vantaux, en marqueterie d'étain sur écaille rouge ; à l'intérieur, des tiroirs.

162 — Lustre en bronze, orné de plaquettes de cristal.

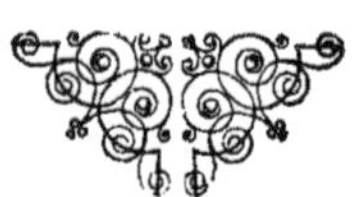